BEI GRIN MACHT SICH IHR WISSEN BEZAHLT

- Wir veröffentlichen Ihre Hausarbeit, Bachelor- und Masterarbeit

- Ihr eigenes eBook und Buch - weltweit in allen wichtigen Shops

- Verdienen Sie an jedem Verkauf

Jetzt bei www.GRIN.com hochladen und kostenlos publizieren

GRIN ☺

Bibliografische Information der Deutschen Nationalbibliothek:

Die Deutsche Bibliothek verzeichnet diese Publikation in der Deutschen National-bibliografie; detaillierte bibliografische Daten sind im Internet über http://dnb.d-nb.de/ abrufbar.

Impressum:

Copyright © 2017 GRIN Verlag
Druck und Bindung: Books on Demand GmbH, Norderstedt Germany
ISBN: 9783346134424

Dieses Buch bei GRIN:

https://www.grin.com/document/537375

Anonym

Einstellungen zum Islam und zu Muslimen in Deutschland

GRIN Verlag

GRIN - Your knowledge has value

Der GRIN Verlag publiziert seit 1998 wissenschaftliche Arbeiten von Studenten, Hochschullehrern und anderen Akademikern als eBook und gedrucktes Buch. Die Verlagswebsite www.grin.com ist die ideale Plattform zur Veröffentlichung von Hausarbeiten, Abschlussarbeiten, wissenschaftlichen Aufsätzen, Dissertationen und Fachbüchern.

Besuchen Sie uns im Internet:

http://www.grin.com/

http://www.facebook.com/grincom

http://www.twitter.com/grin_com

Goethe-Universität Frankfurt am Main
Fachbereich 03 Gesellschaftswissenschaften
Veranstaltung: Einführung in Stata
Wintersemester 2017/18

Einstellungen zum Islam und zu Muslimen in Deutschland

Frankfurt am Main, den 06.11.2017

Inhaltverzeichnis

Einstellungen zum Islam und zu Muslimen in Deutschland

Einleitung

Die muslimische Bevölkerung in Deutschland ist in den letzten Jahren nicht nur aufgrund der Flüchtlingskrise in den Fokus der Medien gerückt, vielmehr werden Muslime inzwischen mit ihren religiösen und alltäglichen Verhaltensweisen und Gewohnheiten auch von der Forschungswelt beobachtet. Es gibt viele Studien, die sich mit bestimmten Themen beschäftigen, die von der öffentlichen Diskussion beeinflusst wurden, z. B. die Einführung von Islamunterricht an Schulen bzw. Pflicht von Schwimmunterricht für muslimische Mädchen oder das Tragen von Kopftüchern in Deutschland.

Die vorliegende Untersuchung analysiert auf der Grundlage von Experteninterviews den Diskurs um die Einstellung gegenüber dem Islam und seinen Glaubensanhängern in der deutschen Gesellschaft. Auf dieser Grundlage wird der soziökonomische Status betrachtet, um durchleuchten zu können, welche starken Vorbehalte gegenüber dem Islam in der deutschen Gesellschaft bestehen.

Die vorliegende Arbeit geht von der Annahme aus, dass die Ereignisse, die auf den ersten Blick als „Unterdrückung des soziökonomischen Status der Muslimen in Deutschland" bezeichnet werden, in einem Zusammenhang zu den Einstellungen gegenüber dem Islam zu sehen sind. Der Islam wird offenbar von vielen Menschen mit Fundamentalismus, Gewaltneigung und der Unterdrückung der Frau in Verbindung gebracht. Daher wird in der vorliegenden Arbeit die Frage behandelt, wie die deutsche Mehrheitsgesellschaft gegenüber dem Islam in Bezug auf Geschlecht, Einkommen und Bildung eingestellt ist. Um diese Frage zu beantworten, werden zunächst Hypothesen formuliert, die dieser Arbeit zugrunde liegen und die im Verlaufe der Arbeit dann verifiziert oder falsifiziert werden sollen. Dazu wird eine Übersicht über aktuelle Literatur zum Forschungsstand zu dem Thema gegeben, um Anhand dessen die Erkenntnisse mit in die Hypothesengenerierung mit einfließen zu lassen.

Im nächsten Schritt wird der Datensatz beschrieben. Hierbei werden zuerst die Variablen aus dem verwendeten Datensatz des ALLBUS (Allgemeine Bevölkerungsumfrage der Sozialwissenschaften) vorgestellt, die zur Beantwortung der Forschungsfrage eine wichtige Rolle spielen.

Im Folgenden erfolgt die Auswertung der Daten, die mit Hilfe der Software „Stata" gewonnen werden konnten. Die Auswertung wird mit Hilfe der Multivariaten Analysemethode in zwei Schritte aufgeteilt. Zu Beginn steht die Multivariate Auswertung – Faktorenanalyse, die zu einer Reduktion der Variablen auf wenige, den manifesten Variablen zugrundeliegende Faktoren führt. Im Anschluss erfolgt die Multivariate Analyse mittels linearer Regression, was den Hauptteil dieser Arbeit ausmacht, um die Einstellung gegenüber dem Islam zu identifizieren.

Forschungsstand

Es gilt zunächst darzustellen, welche Befunde die Forschung zum Verlauf des Islamdiskurses in Deutschland in den letzten Jahren ergeben hat.

Innerhalb weniger Jahrzehnte ist die Zahl der Muslime in Deutschland auf vier Millionen und damit auf rund fünf Prozent der Bevölkerung angewachsen (Speer 2017: 115). Sie bilden die größte religiöse Gruppe nach den Mitgliedern der römisch-katholischen Kirche und der evangelischen Landeskirchen – wenn auch mit deutlichem Abstand (ebd.). Der Islam in Deutschland erlebte in den letzten fünfzehn Jahren eine sehr ambivalente Entwicklung. Einerseits nimmt die Islamfeindlichkeit – wie in den meisten westlichen Gesellschaften mit einer muslimischen Minorität – weiterhin zu, andererseits intensiviert sich die strukturelle Integration und Partizipation der Muslime sowie ihrer Organisationen (Antes/Ceylan 2017: 155).

Informationen über die Zahl und den Anteil der Muslime in Deutschland stellen für die öffentliche Verwaltung eine wichtige Planungs- und Steuerungsgrundlage dar (Stichs 2015: 8). Dies gilt etwa zur Einschätzung des Bedarfs an öffentlichen Angeboten für Muslime, wie beispielsweise islamischem Religionsunterricht an Schulen. Dies betrifft die Realitäten des Lebens und des sozialen und religiösen Verhaltens der muslimischen Bevölkerung in Deutschland (ebd.). El-Menouar, Islamexpertin bei der Bertelsmann-Stiftung, schrieb über eine Vermutung, dass in Deutschland bei Muslimen mit einem Anstieg der Religiosität ein Rückgang der sogenannten Platzierung in der Gesellschaft einhergeht (Leubecher 2017).

Diese Platzierung wird unter anderem am Erwerbsstatus und dem Einkommen gemessen (ebd.). Der niederländische Integrationsforscher Ruud Koopmans kam unlängst in einer Studie zu dem Ergebnis, dass nicht speziell Religiosität, sondern allgemein die soziokulturelle Assimilation den Erfolg auf dem Arbeitsmarkt beeinflusst (ebd.). Hierbei können rein religiöse Einstellungen eine Rolle spielen.

Das Thema des Islam und die Frage ob er zu Deutschland gehört, ruft immer noch eine hitzige Debatte hervor. Manche sehen es als eine Religion des Friedens und der Toleranz, andere als Träger des Hasses. Für manche sind Frauen, die Kopftuch tragen, die Symbole der Freiheit der Meinungsäußerung und der Religionsfreiheit, für andere sind sie Symbole der Unterdrückung. Heftige Auseinandersetzungen entzünden sich im Islam immer wieder am Konzept der Gleichberechtigung von Mann und Frau.

In einer Umfrage im Auftrag der Deutschen Presse-Agentur sagten 62 Prozent der nichtmuslimischen Befragten, sie hätten keine Muslime in ihrem privaten Bekanntenkreis (Zeit Online 2016). Außerdem fällt auf, dass Menschen mit Abitur deutlich mehr muslimische Freunde haben als Menschen mit niedrigeren Bildungsabschlüssen (ebd.). Während unter den Befragten mit Hauptschulabschluss nur 28 Prozent angaben, sie hätten muslimische Bekannte, so waren es unter den Akademikern 42 Prozent (ebd.). Und das, obwohl die in Deutschland lebenden Muslime insgesamt niedrigere Bildungsabschlüsse haben als der Durchschnitt der Bevölkerung (ebd.).

In aktuellen Debatten wird das Thema des Islams immer wieder in der deutschen Gesellschaft thematisiert. Daher ist es wichtig zu untersuchen, ob die deutsche Mehrheitsgesellschaft gegenüber dem Islam und seinen Glaubensanhängern eher negativ oder positiv eingestellt ist.

Forschungsfrage und Hypothesenformulierung

Die im weiteren Verlauf zu bearbeitende Forschungsfrage lautet daher: *Wie hat sich die deutsche Gesellschaft gegenüber dem Islam in Bezug auf Geschlecht, Bildung und Einkommen eingestellt?*

Die Frage nach den Einstellungen zum Islam ist von besonderem Interesse für diese Untersuchung, da je mehr Muslime als situierte Bürger in der deutschen Gesellschaft sichtbar werden, indem sie etwa repräsentative Moscheen bauen, als Spitzenpolitiker das Wort ergreifen oder als Lehrerin mit Kopftuch ihren Dienst antreten, die Zugehörigkeit ihrer Religion zur deutschen Kultur vermehrt debattiert wird.

Die Integration der Muslimen in der deutschen Gesellschaft schreitet mit jeder Generation voran. Wie schnell aber dieser Prozess vorankommt, hängt maßgeblich von gesellschaftlichen Rahmenbedingungen wie dem Bildungssystem und der Arbeitsmarktpolitik ab. Anhand der Studie von Ruud Koopmans (Leubecher 2017), dass die soziokulturelle Assimilation den Erfolg auf dem Arbeitsmarkt beeinflusst, wird davon ausgehend die erste Forschungshypothese formuliert: *Je mehr eine Person verdient, desto positiver ist sie gegenüber Muslimen und dem Islam eingestellt.*

Die nächste Hypothese bezieht sich auf die Umfrage im Auftrag der Deutschen Presse-Agentur (Zeit Online 2016) – auf den Zusammenhang zwischen Einstellungen gegenüber dem Islam und Bildungsabschluss. Daraus lässt sich zweite Hypothese ableisen: *Je höher der erworbene Bildungsgrad einer Person ist, desto positiver ist sie gegenüber dem Islam und damit Muslimen eingestellt.*

Das Ziel dieser Forschung ist es herauszufinden, welche Variablen einen statistisch signifikanten Einfluss auf die Einstellung gegenüber dem Islam haben. In Anbetracht der Literatur Bildung und Einkommen sollten eine signifikante und positive Einstellung zu dem Islam haben, während Geschlecht keinen signifikanten Zusammenhang hat.

Nach der Vorstellung des Datensatzes wird anhand multivariater Analysen getestet, ob es möglich ist die Forschungshypothesen anzunehmen beziehungsweise diese zu verwerfen.

Methodik

Datensatz

Für diese quantitative Forschung wurde der Datensatz des ALLBUS aus dem Jahr 2012 festgelegt. Dieser Arbeit liegt der Datensatz der ALLBUS-Vollversion zugrunde. Der Unterschied der Kompaktversion zur Vollversion spiegelt sich in der verkürzten demographischen Beschreibung nieder, d.h. die verschiedenen inhaltlichen Fragen zu Einstellungen, Meinungen, Verhaltensweisen etc. werden außerhalb der ALLBUS-Demographie ungekürzt in die Kompaktfassung übernommen, wodurch es an Übersichtlichkeit gewinnt ohne an Qualität zu verlieren. Diese ALLBUS-Vollversion eignet sich daher primär für Fortgeschrittene in der Datenanalyse, weil wichtige Items zur demographischen Beschreibung der Befragten in einer erheblich multilateralen Auswahl angeboten werden.

Abhängige Variablen

Zunächst werden die verwendeten abhängigen Variablen vorgestellt, mit besonderem Augenmerk auf die Fragen sowie das Messniveau. Für die Untersuchung werden die Variablen v204 - v208 verwendet, für die gefragt wird, inwiefern die Menschen folgenden Aussagen zustimmen: v204 „Islamausübung in BRD beschränken", v205 „Islam passt in die Deutsche Gesellschaft", v206 „Anwesenheit von Muslimen bringt Konflikt", v207 „Staat sollte islamistische Gruppen beobachten", v208 „Muslimischer Bürgermeister in Ordnung". Gefragt wird hierbei, wie sich die Einstellung gegenüber Muslimen bzw. dem Islam in Deutschland auszeichnet. Geantwortet werden konnte durch eine Zuordnung auf der Skala von „1 Stimme überhaupt nicht zu" bis „7 Stimme voll und ganz zu" (Terwey/Baltzer 2013: 211-215). Das Messniveau lässt sich folglich als metrisch deklarieren. Es ist davon auszugehen, dass die einzelnen Abstufungen denselben Abstand zueinander haben, des Weiteren ist die Skala endpunktbenannt, was eindeutig auf ein metrisches Messniveau hinweist.

Unabhängige Variable

Als unabhängigen Variablen werden die folgenden Erhebungsmerkmale einbezogen: Erstens V217, also die Variable Geschlecht, welche die folgenden zwei Merkmalausprägungen besitzt: (1) männlich und (2) weiblich. Die Variable „Geschlecht" wird als Kontrollvariable angewendet, um zu überprüfen, ob ein Zusammenhang zwischen den Einstellungen zum Islam unter Kontrolle von Bildung auch besteht.

Zweitens erheben die folgenden Variablen Daten zum Grad des Bildungsabschlusses: v230 - Allgemeiner Schullabschluss, v236 – Berufsfachschulabschluss, v237 – Fachschulabschluss, v238 - Meister, Technikerabschluss, v239 – Fachhochschulabschluss, v240 – Hochschulabschluss, v241 - Anderer Berufsausbildungsabschluss. Es ist dabei wichtig zu untersuchen, ob die Einstellungen zum Islam von einem Bildungsabschluss abhängig ist und welcher Effekt die Bildung haben sollte.

Bei mehreren Ausbildungsabschlüssen interessiert allein die unterschiedliche „Qualität", welche im Zusammenhang mit dem höchsten Schulabschluss und ausgeübtem Beruf bzw. beruflicher Stellung zu interpretieren ist. Die dem „höchsten Schulabschluss" vergleichbare Abfrage wäre die Rekodierung nach dem „höchsten beruflichen Ausbildungsabschluss". Bei den Ausbildungsabschlüssen ist unterschieden worden zwischen der „beruflich-betrieblichen" Ausbildung, der „beruflich-schulischen" Ausbildung und dem Abschluss von „Fachschulen", „Fachhochschulen" sowie „Hochschulen". Bei diesen Kategorien ist darauf geachtet worden, dass alle Möglichkeiten eines Abschlusses Oberkategorien zuordenbar sind und diese Oberkategorien sich gegenseitig ausschließen.

Drittens repräsentiert V346 die Einkommensvariable, die als Statusvariable angenommen wird, um zu erforschen, ob es einen Einfluss vom Einkommen auf die Einstellung zu dem Islam gibt.

Auswertung

Dieser Teil widmet sich der Analyse der Variablen, um anschließend ein Fazit ziehen zu können, ob die Forschungshypothese angenommen werden kann oder verworfen werden muss. Dafür werden die Verfahren der multivariaten Analyse verwendet, welche dazu geeignet sind, eine große Zahl von unabhängigen Variablen gleichzeitig zu analysieren. Im ersten Schritt wird die Faktorenanalyse angewendet, um mehrere Variablen auf ein oder mehrere latente Konstrukte zurückzuführen. Im Folgenden werden abhängige Variablen zu einem Index zusammengefasst und zusammen mit unabhängigen Variablen ausgewertet. Abschließend folgt die multivariate Analyse mittels linearer Regression.

Multivariate Analyse
Faktorenanalyse

Im Folgenden wird nun die multivariate Analyse vorgestellt. Im Vorfeld der multivariaten Analyse war es notwendig, die Variablen so zu rekodieren, dass diese sinnvoll nutzbar sind. Hierzu wurden etwa Antworten wie „trifft nicht zu" oder „keine Angabe" entfernt.

Zuerst wurde die Faktorenanalyse durchgeführt, um rauszufinden, ob alle Variablen auf einer Dimension laden oder ob es mehrere Dimensionen gibt. Mit anderen Worten, die Faktoranalyse wurde angewendet, um zu prüfen, ob alle Variablen auch dasselbe messen. Die Faktorladungen sind alle größer als 0,45 (vgl. Tabelle 1). Die Items laden auf einer Dimension, d.h. sie alle bilden das gleiche Konstrukt ab, was ein positives Zeichnen für die weitere Untersuchung ist.

Als nächstes wurden die folgenden drei Variablen umkodiert: v204, v206 sowie v207, da diese eine negative Einstellung gegenüber dem Islam abfragen. Anschließend wurde geprüft, ob diese umkodierten Variablen zu einem Index passen. Durch die Reliabilitätsanalyse wurde es deutlich, dass die Güte der Skala ausreichend ist, weil Alpha größer als 0,7 ist (Tabelle 2).

Im nächsten Schritt wurde die Skala gebildet. Bei v204 – v208 handelt es sich um ordinale Variablen, da die Antwort kategorisiert je nach Stärke der Aussage abgegeben werden konnten und gleiche Abstände zwischen den Ausprägungen nicht gegeben sind. Die

Antwortmöglichkeiten reichen von „Stimme überhaupt nicht zu" bis „Stimme voll und ganz zu".

Daraus lässt sich die Schlussfolgerung ziehen, dass diese Variablen zu einem Index, genannt „AttIslam", zusammengefasst werden konnten. Dabei wurde darauf geachtet, ob diese in eine Richtung kodiert sind und ob sie eine Dimension bilden. Dadurch, dass im gebildeten Index gleiche Abstände zwischen den Ausprägungen angenommen werden, lässt sich der Index als metrisch ablesen. Somit ist der Index „AttIslam", der die Einstellungen zum Islam abbildet, als abhängige Variable in der linearen Regression geeignet. Der Wertebereich reicht von 1 bis 7, wobei höhere Werte eine positivere Einstellung bedeuten (vgl. Tabelle 3). Je höher die Werte sind, desto positiver ist der Befragte gegenüber dem Islam eingestellt.

Regression

Für eine möglichst aussagekräftige Analyse ist es im Kontext der Fragestellung sinnvoll, den Zusammenhang zwischen den Einstellungen zum Islam und den unabhängigen Variablen mittels Regressionsanalyse zu analysieren. Anhand von Regressionsanalysen wird untersucht, inwiefern die Hypothese, dass die Einstellungen gegenüber dem Islam davon abhängen, ob eine Person männlich oder weiblich, gebildet oder nicht gebildet ist, gut oder schlecht verdient, empirisch belegt werden kann. Mit diesem statistischen Verfahren, ist es möglich die Richtung und Stärke des Zusammenhangs zwischen unabhängigen Variablen und abhängigen Variablen zu quantifizieren. In quantitativen Analysen wie der vorliegenden werden oftmals Kontrollvariablen aufgenommen, damit die Effekte der theoretisch interessierenden unabhängigen Variablen unter Konstanthaltung der Kontrollvariablen untersucht werden können, um etwa mögliche Scheinkorrelation aufzudecken. In diesem Fall im Rahmen der Untersuchung der Einstellungen gegenüber dem Islam wird Kontrollvariable hinzugezogen, im Rahmen der Untersuchung der Protestbereitschaft wird das Geschlecht als Kontrollvariable untersucht. Diese Variable wurde deshalb ausgewählt, weil sie in vielen Ansätzen, die sich mit der Wirkung von sozioökonomischen Variablen befassen, in einem Atemzug mit den interessierenden Variablen genannt wird.

Im ersten Schritt wurde die Fallanzahl angeglichen. Es wurde nur mit der Zahl der Menschen gerechnet, die alle relevanten Variablen beantwortet haben bzw. auf diesen gültige Werte haben.

Als nächstes wurde das Geschlecht umkodiert, weil bei der Regression die unabhängigen Variablen als 0/1 kodiert werden müssen, wenn sie nur zwei Ausprägungen besitzen. Die Regressionskoeffizienten haben einen Wertebereich von „minus unendlich" bis „plus unendlich". Je größer die Zahl ist, desto stärker ist der Effekt. Ein Koeffizient von null bedeutet, dass kein linearer Zusammenhang besteht, da die Regression nur lineare Zusammenhänge abbildet. Infolgedessen wurde die 0/1 Kodierung bei der dichotomen Variable „Geschlecht" durchgeführt, um die Regressionskonstante sinnvoll interpretieren zu können.

Um eine Regression mit den Einstellungen zum Islam und der Bildung zu rechnen, musste der folgende Schritt gemacht werden. Die Variable Bildung ist weder metrisch noch 0/1 kodiert. Sie hat mehrere Ausprägungen, daher konnte sie nicht in die Regression mitaufgenommen werden. Jede dieser Ausprägungen muss in eine 0/1 kodierte Dummy-Variable überführt werden: „1", wenn Ausprägung zutrifft, „0", wenn sie nicht zutrifft und „." „Missing", wenn die Bildungsvariable einen fehlenden Wert aufweist.

Laut der Hypothese, dass die Einstellungen zum Islam positiver sind, wenn die Bildung höher ist, wird der Dummy für die geringste Bildungsausprägung (Hauptschule) als Referenzkategorie definiert und nicht in die Modelle aufgenommen. Die verbliebenen Dummies wurden in die Regression aufgenommen.

Im Folgenden wurden drei Modelle aufgebaut, wobei in jedem Schritt eine unabhängige Variable mehr aufgenommen wurde: Modell 1 – die Einstellungen gegenüber dem Islam in Bezug auf Geschlecht; Modell 2 – die Einstellungen gegenüber Islam in Bezug auf Geschlecht und Einkommen; Modell 3 – die Einstellungen gegenüber Islam in Bezug auf Geschlecht, Einkommen und Bildung. Das erste Modell wurde zuerst als Basismodell mit der Kontrollvariable gerechnet und davon ausgehend die unabhängigen Variablen hinzugenommen wurden. In den Modellen 2 und 3 wurde untersucht ob eine unabhängige Variable einen Effekt hat, oder eine Drittvariable eine Rolle gespielt hat.

Empirische Ergebnisse

Zusammenfassend kann festgehalten werden, dass die soziodemografischen Variablen (Geschlecht, Bildung, Einkommen) – verschiedene Einflüsse auf die abhängige Variable (Einstellungen gegenüber dem Islam) aufweisen, auch wenn sich die jeweiligen Gruppen teilweise signifikant voneinander unterscheiden: Frauen haben negativere Einstellungen als Männer; Personen mit höherer Bildung haben positivere Einstellungen gegenüber dem Islam als Personen mit niedrigerer Bildung; Personen, die mehr verdienen, sind positiver gegenüber dem Islam eingestellt als Geringverdiener.

Um die vorgestellten Hypothesen zu überprüfen, wurden schrittweise multiple Regressionen gerechnet. Die Ergebnisse zu den Modellen 1, 2 und 3 sind in folgender Tabelle 5 zusammengefasst. Im Modell 1 zeigte die Regression, dass Frauen negativer gegenüber dem Islam eingestellt sind als Männer.

Die Hypothese 1 besagt: Menschen, die mehr verdienen, sind positiver zum Islam eingestellt, als Menschen, die weniger verdienen. Mit Hilfe von Modell 2 wurde gezeigt, dass Männer ohne Einkommen einen geschätzten Indexwert von 3,22 haben, da die Konstante bei diesem Wert liegt (vgl. Tabelle 4). Der Koeffizient zeigt im Gegenteil, dass wenn das Einkommen um 1 EUR steigt, steigt auch die Einstellung zum Islam um 0,00021 Einheiten. Der Effekt ist signifikant ($p < .05$) und dies bestätigt die Hypothese, dass einen Zusammenhang zwischen dem Einkommen und den Einstellungen zu dem Islam in der Grundgesamtheit besteht. Wenn man das Einkommen kontrolliert, sind Frauen positiver eingestellt als Männer, allerdings verliert das Geschlecht seine Signifikanz. Das Einkommen hat einen signifikanten positiven Zusammenhang: je mehr man verdient, desto positiver ist man zu dem Islam eingestellt. Und es ist hoch signifikant, da alle Items korreliert sind. Dieser Zusammenhang vom Geschlecht hat ins Gegenteil verkehrt, wenn es für das Einkommen kontrolliert wird, weil der Geschlechtereffekt irrelevant ist.

Das Modell 3 setzt sich aus folgender Hypothese zusammen: Je höher der Bildungsgrad ist, desto positiver ist man gegenüber dem Islam eingestellt. Diese Hypothese prognostizierte einen Zusammenhang zwischen der Bildung und den Einstellungen zu dem Islam. Die Hypothese konnte bestätigt werden, da die Prädikatoren im letzten Modell der schrittweisen multiplen Regressionen einen hoch signifikanten Einfluss aufweist.

Dabei ist auch wichtig das R^2 zu erwähnen, genauer das adjustierte R^2, da diese Regression mehr als eine unabhängige Variable hat. Der Wert Adj $R^2 = 0,101$ besagt, dass mit der Regression 10% der Streuung der abhängigen Variable erklärt werden kann. Dies kann als gut angesehen werden.

In dem dritten Modell konnte überprüft werden, dass der Zusammenhang zwischen Einkommen und den Einstellungen unter Kontrolle von Bildung weiterhin besteht. Frauen sind negativer eingestellt, aber insignifikant. Allerdings gibt es immer noch einen signifikanten Einkommenseffekt. Dies zeigt, dass hinter dem Effekt des Einkommens nicht das Bildungsniveau steht. Das Einkommen hat darüber hinaus auch noch einen Effekt auf die Einstellungen gegenüber dem Islam, da es auch unter der Kontrolle der Bildung noch signifikant ist. Aber wenn man die Modelle vergleicht (vgl. Tabelle 5), sieht man, dass unter Kontrolle der Bildung sich der Effekt des Einkommens abschwächt, aber er bleibt immer noch signifikant. Das Einkommen bleibt unter Kontrolle der Bildung signifikant, aber der Effekt wird kleiner. Das bedeutet, dass der Einkommenseffekt teilweise durch Bildung erklärt werden kann.

Die Effekte der Bildung sind wie erwartet: Personen mit mittleren Reife um 0,292 Einheiten positiver eingestellt als Personen ohne diesen Abschluss. Mit der Erhöhung des Bildungsgrades wird beobachtet, dass schon Personen mit Fachhochschulabschluss um 0,894 Einheiten positiver eingestellt. Die Unterschiede sind hochsignifikant. Personen mit einem Berufsfachschulabschluss sind auch um 0,163 Einheiten positiver eingestellt als Personen ohne diesen Abschluss, außerdem insignifikant.

Es gibt eine Reihe von Einschränkungen bei dieser Forschung, die bei der Interpretation der Ergebnisse betrachtet werden sollten. Zum einen stützen sich die Analysen auf einen Datensatz, der bereits fünf Jahre alt ist. Ein weiteres Problem, dass die Untersuchung beschränkt hat, ist eine fehlende Variable über den Kontakt zu Muslimen bei der Arbeit. Es gibt zwar eine Variable im Datensatz über den Kontakt zu den Ausländern bei der Arbeit, aber diese Variable konnte nicht miteinbezogen werden, da sie sich nicht nur auf Muslime, sondern auf alle Ausländer bezieht. Aus diesem Grund konnte die Kontakthypothese nicht empirisch überprüft werden.

Schlussfolgerung

Zusammenfassend lässt sich sagen, dass die gestellte Forschungsfrage anhand zweier formulierten Hypothesen beantworten werden konnte. Es gibt einen negativen Geschlechtereffekt, der nicht mehr signifikant ist und unter Kontrolle des Einkommens völlig verschwindet. Dies bedeutet, dass Frauen aus dem Grund negativer gegenüber dem Islam eingestellt sind, da sie über ein geringeres Einkommen verfügen. Allgemein sind Personen, die weniger verdienen, negativer eingestellt. Die Annahme, dass der Zusammenhang zwischen Einkommen und den Einstellungen unter Kontrolle von Bildung weiterhin besteht, lässt sich bestätigen, auch unter Kontrolle der Bildung besteht ein signifikanter Einkommenseffekt, der aber ein marginal kleiner wird. Die Variable Bildung hat wie erwartet in Teilen einen positiven hochsignifikanten Effekt. Dies trifft vor allem auf die formale Schulbildung zu, wohingegen die weiteren folgenden Abschlüsse keine signifikanten Effekte haben. Daraus kann die Schlussfolgerung gezogen werden, dass die Einstellungen zum Islam durch das Einkommen und die formale Schulbildung beeinflusst werden.

Die vorangegangenen Ergebnisse haben gezeigt, dass in diesem Bereich noch Bedarf an weiterführender Forschung ist, insbesondere die Untersuchung der Kontakthypothese zu Muslimen verspricht weitere spannende Forschungsmöglichkeiten.

Literaturverzeichnis

Antes, Peter/Ceylan,Rauf (2017): Die Etablierung der Islamischen Theologie. Institutionalisierung einer neuen Disziplin und die Entstehung einer muslimischen scientific community. In: Antes, Peter/Ceylan, Rauf: *Muslime in Deutschland. Historische Bestandsaufnahme, aktuelle Entwicklungen und zukünftige Forschungsfragen.* Wiesbaden: Springer VS. S.:151-162.

Marcel Leubecher (2017): *96 Prozent der Muslime fühlen sich Deutschland verbunden.* Online: https://www.welt.de/politik/deutschland/article167946378/96-Prozent-der-Muslime-fuehlen-sich-Deutschland-verbunden.html (zuletzt geprüft am 4.11.17).

Stichs, Anja (2015): *Wie viele Muslime leben in Deutschland:* eine Hochrechnung über die Anzahl der Muslime in Deutschland zum Stand 31. Dezember 2015: im Auftrag der deutschen Islam Konferenz. Nürnberg: Bundesamt für Migration und Flüchtlinge.

Sven W Speer (2017): Deutsche Religionspolitik im Kontext des Islam. Ursachen und Auswirkungen der Re-Formation von Religionspolitik als Integrationspolitik. In: Antes, Peter/Ceylan, Rauf: *Muslime in Deutschland. Historische Bestandsaufnahme, aktuelle Entwicklungen und zukünftige Forschungsfragen.* Wiesbaden: Springer VS. S.: 115-147.

Terwey, Michael/Baltzer, Stefan (2013): *ALLBUS 2012 – Variable Report*, GESIS Datenarchiv für Sozialwissenschaften. Online: https://dbk.gesis.org/dbksearch/SDESC2.asp?no=4614&search=ALLBUS&search2=&DB=d&tab=0&notabs=&nf=1&af=&ll=10 (zuletzt geprüft am 4.11.17).

Zeit Online (2016): *Muslime in Deutschland: Viel Nebeneinander, wenig Miteinander.* Online: http://www.zeit.de/news/2016-05/06/religion-muslime-in-deutschland-viel-nebeneinander-wenig-miteinander-06090006 (zuletzt geprüft am 26.10.17).

Anhang 1

Tabelle 1

Die Faktorladungen.

```
Factor analysis/correlation                 Number of obs    =      3,216
    Method: principal-component factors     Retained factors =          1
    Rotation: (unrotated)                   Number of params =          5
    -------------------------------------------------------------------------
      Factor |  Eigenvalue  Difference      Proportion  Cumulative
    ---------+--------------------------------------------------------------
     Factor1 |    2.70337    1.88393          0.5407      0.5407
     Factor2 |    0.81944    0.25376          0.1639      0.7046
     Factor3 |    0.56568    0.08661          0.1131      0.8177
     Factor4 |    0.47907    0.04662          0.0958      0.9135
     Factor5 |    0.43245        .            0.0865      1.0000
    -------------------------------------------------------------------------
    LR test: independent vs. saturated:  chi2(10) = 4333.63 Prob>chi2 = 0.0000

Factor loadings (pattern matrix) and unique variances

    ---------------------------------------
    Variable |  Factor1 |  Uniqueness
    ---------+----------+------------
        v204 |   0.8129 |    0.3392
        v205 |  -0.6853 |    0.5303
        v206 |   0.7164 |    0.4867
        v207 |   0.7597 |    0.4228
        v208 |  -0.6945 |    0.5176
    ---------------------------------------
    (blanks represent abs(loading)<.45)
```

Tabelle 2

Die Reliabilitätsanalyse.

```
Test scale = mean(unstandardized items)
                                                        average
                             item-test   item-rest    interitem
Item        |  Obs  Sign   correlation  correlation  covariance      alpha
------------+--------------------------------------------------------------
-
v204r       | 3324   +       0.8070       0.6533      1.390902       0.7054
v205        | 3308   +       0.6753       0.5127      1.810135       0.7563
v206r       | 3331   +       0.7023       0.5334      1.723794       0.7492
v207r       | 3319   +       0.7514       0.5834      1.570659       0.7318
v208        | 3319   +       0.7256       0.5133      1.588439       0.7600
------------+--------------------------------------------------------------
Test scale  |                                         1.616833       0.7819
```

16

Tabelle 3

Der Wertebereich des Indexes "AttIslam".

```
AttIslam |     Freq.     Percent        Cum.
---------+-----------------------------------
       1 |      194        6.03        6.03
     1.2 |       52        1.62        7.65
     1.4 |       69        2.15        9.79
     1.6 |       97        3.02       12.81
     1.8 |       83        2.58       15.39
       2 |       85        2.64       18.03
     2.2 |      128        3.98       22.01
     2.4 |      102        3.17       25.19
     2.6 |      131        4.07       29.26
     2.8 |      134        4.17       33.43
       3 |      125        3.89       37.31
     3.2 |      131        4.07       41.39
     3.4 |      153        4.76       46.14
     3.6 |      171        5.32       51.46
     3.8 |      159        4.94       56.41
       4 |      187        5.81       62.22
     4.2 |      163        5.07       67.29
     4.4 |      140        4.35       71.64
     4.6 |      161        5.01       76.65
     4.8 |      133        4.14       80.78
       5 |      112        3.48       84.27
     5.2 |      122        3.79       88.06
     5.4 |       86        2.67       90.73
     5.6 |       68        2.11       92.85
     5.8 |       83        2.58       95.43
       6 |       32        1.00       96.42
     6.2 |       29        0.90       97.33
     6.4 |       47        1.46       98.79
     6.6 |       16        0.50       99.28
     6.8 |        6        0.19       99.47
       7 |       17        0.53      100.00
---------+-----------------------------------
   Total |    3,216      100.00
```

Tabelle 4

Das Ergebnis vom Modell 2: die Einstellungen gegenüber dem Islam in Bezug auf Geschlecht und Einkommen

```
. regress AttIslam v217r v346

      Source |       SS           df       MS      Number of obs   =     2,721
-------------+----------------------------------   F(2, 2718)      =     36.84
       Model |  150.637134         2    75.318567   Prob > F        =    0.0000
    Residual |  5557.13673      2,718   2.04456833   R-squared       =    0.0264
-------------+----------------------------------   Adj R-squared   =    0.0257
       Total |  5707.77386      2,720   2.09844627   Root MSE        =    1.4299


    AttIslam |      Coef.   Std. Err.      t    P>|t|     [95% Conf. Interval]
-------------+----------------------------------------------------------------
       v217r |   .0472465   .0579316     0.82   0.415    -.0663479    .1608408
        v346 |   .0002185   .0000262     8.35   0.000     .0001672    .0002698
       _cons |   3.226439   .0619058    52.12   0.000     3.105052    3.347826
```

17

Tabelle 5

Die Ergebnisse aus der multiplen linearen Regression, die schrittweise durch die unabhängigen Variablen und die Kontrollvariable durchgeführt wurde.

	Modell 1	**Modell 2**	**Modell 3**
Geschlecht	-0,108 (0,056)	0,047 (0,058)	-0,086 (0,057)
Nettoeinkommen		$0,000^{***}$ (0,000)	$0,000^{**}$ (0,000)
Mittlere Reife			$0,292^{***}$ (0,065)
Fachhochschule			$0,894^{***}$ (0,124)
Hochschulreife[1]			$0,952^{***}$ (0,094)
Berufsfachschulabschluss			0,163 (0,109)
Fachschulabschluss			-0,007 (0,106)
Meister, Technikerabschluss			-0,110 (0,107)
Fachhochschulabschluss			0,094 (0,114)
Hochschulabschluss			0,188 (0,107)
Anderer Berufsausbildungsabschluss			0,192 (0,167)
Konstante	$3,633^{***}$ (0,039)	$3,226^{***}$ (0,062)	$3,050^{***}$ (0,067)
Befragten	2721	2721	2721
R^2	0,001	0,026	0,105
Adjusted R^2	0,001	0,026	0,101

Standard errors in parentheses
$^{*}p < 0.05$, $^{**}p < 0.01$, $^{***}p < 0.001$
[1]Die geringste Bildungsausprägung als Referenzkategorie definiert.

Anhang 2

Do-File

```
capture log close
 *will be used in order not to produce an error message

 cd "U:\Stata"
 *File => change working directory => own folder => ok

 pwd
 *means print working directory, a place of working with Stata

 log using StataSeminar, text replace
 *with help of a "log using" command can a new file be opened; StataSeminar is
 //the name of your own file

 set more off
 *will be used in order to see more of output that has been produced

 set linesize 80
 *the screen width

 version 14
 *Stata changes its algorithms over time

 use "U:\Stata\ZA4614_v1-1-1.dta", clear

 numlabel, add

 ****** Research Question *****

 *Wie ist die deutsche Mehrheitsgesellschaft gegenüber dem Islam und seinen
 *Glaubensanhänger in Bezug auf Geschlecht, Bildung und Einkommen eingestellt?

 *Abhängige Variablen:
 *v204 „Islamausübung in BRD beschränken"
 *v205 „Islam passt in die Deutsche Gesellschaft"
 *v206 „Anwesenheit von Muslimen bringt Konflikt"
 *v207 „Staat sollte islamistische Gruppen beobachten"
 *v208 „Muslimischer Bürgermeister in Ordnung"

 *Unabhängige Variablen:
 *v217 - Geschlecht
 *v230 - Allgemeiner Schullabschluss
 *v236 - Berufsfachschulabschluss
 *v237 - Fachschulabschluss
 *v238 - Meister, Technikerabschluss
 *v239 - Fachhochschulabschluss
 *v240 - Hochschulabschluss
 *v241 - Anderer Berufsausbildungsabschluss
 *v346 - Nettoeinkommen


 codebook v204
 mvdecode v204 v205 v206 v207 v208, mv (0 99=.)
 tab v204

 *negative Variablen müssen umkodiert werden: v204 v206 v207
 *mit Faktorenanalyse wird geprüft ob alle variablen ein Konstrukt abbilden/ob
 die dasselbe messen
 *durch die Rotation kann man sichergehen, dass jedes Item jeweils nur ein Kon-
 strukt abbildet, es ist relevant aber nur dann falls nur mehrere gibt es

 factor v204 v205 v206 v207 v208, pcf blanks (0.45)
 rotate, blanks (0.45)
```

```
recode v204 1=7 2=6 3=5 4=4 5=3 6=2 7=1, gen (v204r)
recode v206 1=7 2=6 3=5 4=4 5=3 6=2 7=1, gen (v206r)
recode v207 1=7 2=6 3=5 4=4 5=3 6=2 7=1, gen (v207r)

alpha v204r v205 v206r v207r v208, item

*mit allen Items die Skala ist besser, sollte nicht weniger als 0,7 sein

gen AttIslam = (v204r+ v205 + v206r + v207r +v208)/5
tab AttIslam

*wichtig dabei ist, dass der Wertebereich ist dasselbe wie der ursprünglicher
*und der Index ist pseudometrisch; Items sind ordinal

tab v217
tab v230
mvdecode v230, mv (1 6 7 99=.)
tab v236
tab1 v237 v239 v241 v242
mvdecode v236 v237 v238 v239 v240 v241 v242, mv (6 9=.)

*kendall tau - Koeffizient für ordinale Daten
ktau AttIslam v230
*KorrKoeffizient liegt bei 0,24


tab v346
mvdecode v346, mv (0 99997 99999=.)
tab v346

* Einkommen über 10.000 (3 Personen) als Missing, weil die Extremwerte die Be-
rechnungen verzerren

mvdecode v346, mv (20000 33000 60000=.a)


*** Rekodieren des Geschlechts nach 0/1 für Regression ***

recode v217 1=0 2=1, gen (v217r)

pwcorr AttIslam v346, sig

scatter AttIslam v346 || lfit AttIslam v346


tab v217r

* Regression mit AttIslam als AV und Einkommen als UV

regress AttIslam v346

regress AttIslam v217r

* Erstellung von Dummies für Schulabschluss: für jede Ausprägung
* wird eine 0/1-kodierte Variable erstellt: 1, wenn Ausprägung zutrifft,
* 0, wenn sie nicht zutrifft und "." wenn Schulabschluss "missing" ist

tab v230, gen(educ_)
describe educ_*

regress AttIslam educ_2 educ_3 educ_4

*** Jetzt schrittweiser Modellaufbau ***

* Fallanzahlangleichung: In jedem Regressionsmodell müssen
* die gleichen Leute enthalten sein, um die Koeffizienten von Schritt zu
* Schritt vergleichen zu können.
```

```
* Zähle, wieviele fehlende Werte ein Befragter auf allen interessierenden
* Variablen hat. AV + UV + Drittvariablen.

egen numbermis=rowmiss(AttIslam v217r educ_2 educ_3 educ_4 v346 v236 v237 v238
v239 v240 v241 v242)
tab numbermis
keep if numbermis==0

* Modell 1: nur Geschlecht
regress AttIslam v217r
estimates store modell

* Modell 2: Geschlecht + Einkommen
regress AttIslam v217r v346
estimates store model2

* Modell 3: Geschlecht + Einkommen + Bildung
regress AttIslam v217r v346 educ_2 educ_3 educ_4 v236 v237 v238 v239 v240 v241
estimates store model3

desc v236 - v242

* Übersichtliche Darstellung der Regressionsergebnisse, benötigt
* Paket estout - ggfs. installieren!

esttab modell model2 model3 using U:\Stata\regression.rtf, replace b(%4,3f)
se(%4,3f) r2(%4,3f) ar2(%4,3f) nonumbers ///
    mlabel("Modell 1" "Modell 2" "Modell 3") label
```

Log-File

```
******  Research Question  *****

. *Wie ist die deutsche Mehrheitsgesellschaft gegenüber dem Islam und seinen
. *Glaubensanhänger in Bezug auf Geschlecht, Bildung und Einkommen eingestellt?
.
. *Abhängige Variablen:
. *v204 „Islamausübung in BRD beschränken"
. *v205 „Islam passt in die Deutsche Gesellschaft"
. *v206 „Anwesenheit von Muslimen bringt Konflikt"
. *v207 „Staat sollte islamistische Gruppen beobachten"
. *v208 „Muslimischer Bürgermeister in Ordnung"
.
. *Unabhängige Variablen:
. *v217 - Geschlecht
. *v230 - Allgemeiner Schullabschluss
. *v236 - Berufsfachschulabschluss
. *v237 - Fachschulabschluss
. *v238 - Meister, Technikerabschluss
. *v239 - Fachhochschulabschluss
. *v240 - Hochschulabschluss
. *v241 - Anderer Berufsausbildungsabschluss
. *v346 - Nettoeinkommen


. codebook v204

-------------------------------------------------------------------------------
v204                                            ISLAMAUSUEBUNG IN BRD BESCHRAENKEN
-------------------------------------------------------------------------------

                    type:  numeric (byte)
                   label:  v204

                   range:  [0,99]                        units:  1
           unique values:  9                           missing .:  0/3,480

              tabulation:  Freq.   Numeric  Label
                             95         0  0. TRIFFT NICHT ZU
                            861         1  1. STIMME GAR NICHT ZU
                            422         2  2. ...
                            340         3  3. ...
                            589         4  4. ...
                            339         5  5. ...
                            303         6  6. ...
                            470         7  7. STIMME VOELLIG ZU
                             61        99  99. KEINE ANGABE

. mvdecode v204 v205 v206 v207 v208, mv(0 99=.)
        v204: 156 missing values generated
        v205: 172 missing values generated
        v206: 149 missing values generated
        v207: 161 missing values generated
        v208: 161 missing values generated
```

22

```
. tab v204

ISLAMAUSUEBUNG IN BRD |
          BESCHRAENKEN |      Freq.      Percent        Cum.
----------------------+-----------------------------------
1. STIMME GAR NICHT ZU |        861        25.90        25.90
                   2. .. |        422        12.70        38.60
                   3. .. |        340        10.23        48.83
                   4. .. |        589        17.72        66.55
                   5. .. |        339        10.20        76.74
                   6. .. |        303         9.12        85.86
      7. STIMME VOELLIG ZU |      470        14.14       100.00
----------------------+-----------------------------------
                 Total |      3,324       100.00
```

. *negative Variablen müssen umkodiert werden: v204 v206 v207
. *mit Faktorenanalyse wird geprüft ob alle variablen ein Konstrukt abbilden/ob
die dasselbe messen
. *durch die Rotation kann man sichergehen, dass jedes Item jeweils nur ein
Konstrukt abbildet, es ist relevant aber nur dann falls nur mehrere gibt es

. factor v204 v205 v206 v207 v208, pcf blanks (0.45)
(obs=3,216)

```
Factor analysis/correlation                   Number of obs    =       3,216
    Method: principal-component factors       Retained factors =           1
    Rotation: (unrotated)                     Number of params =           5

    --------------------------------------------------------------------------
        Factor |   Eigenvalue   Difference        Proportion   Cumulative
    -----------+--------------------------------------------------------------
       Factor1 |      2.70337      1.88393            0.5407       0.5407
       Factor2 |      0.81944      0.25376            0.1639       0.7046
       Factor3 |      0.56568      0.08661            0.1131       0.8177
       Factor4 |      0.47907      0.04662            0.0958       0.9135
       Factor5 |      0.43245            .            0.0865       1.0000
    --------------------------------------------------------------------------
    LR test: independent vs. saturated:  chi2(10) = 4333.63 Prob>chi2 = 0.0000

Factor loadings (pattern matrix) and unique variances

    ---------------------------------------
      Variable |  Factor1 |   Uniqueness
    -----------+----------+----------------
          v204 |   0.8129 |    0.3392
          v205 |  -0.6853 |    0.5303
          v206 |   0.7164 |    0.4867
          v207 |   0.7597 |    0.4228
          v208 |  -0.6945 |    0.5176
    ---------------------------------------
    (blanks represent abs(loading)<.45)
```

. rotate, blanks (0.45)

```
Factor analysis/correlation                   Number of obs    =       3,216
    Method: principal-component factors       Retained factors =           1
    Rotation: orthogonal varimax (Kaiser off) Number of params =           5

    --------------------------------------------------------------------------
        Factor |   Variance    Difference        Proportion   Cumulative
    -----------+--------------------------------------------------------------
       Factor1 |    2.70337            .                0.5407       0.5407
    --------------------------------------------------------------------------
    LR test: independent vs. saturated:  chi2(10) = 4333.63 Prob>chi2 = 0.0000

Rotated factor loadings (pattern matrix) and unique variances
```

23

```
----------------------------------------
    Variable |  Factor1 |  Uniqueness
-------------+----------+--------------
        v204 |   0.8129 |     0.3392
        v205 |  -0.6853 |     0.5303
        v206 |   0.7164 |     0.4867
        v207 |   0.7597 |     0.4228
        v208 |  -0.6945 |     0.5176
----------------------------------------
```

(blanks represent abs(loading)<.45)

Factor rotation matrix

```
-----------------------
             | Factor1
-------------+---------
     Factor1 |  1.0000
-----------------------
```

.
. recode v204 1=7 2=6 3=5 4=4 5=3 6=2 7=1, gen (v204r)
(2735 differences between v204 and v204r)

. recode v206 1=7 2=6 3=5 4=4 5=3 6=2 7=1, gen (v206r)
(2567 differences between v206 and v206r)

. recode v207 1=7 2=6 3=5 4=4 5=3 6=2 7=1, gen (v207r)
(2688 differences between v207 and v207r)

.
. alpha v204r v205 v206r v207r v208, item

Test scale = mean(unstandardized items)

```
                                                         average
                                 item-test   item-rest   interitem
Item          | Obs  Sign  correlation  correlation  covariance    alpha
--------------+---------------------------------------------------------------
-
v204r         | 3324   +      0.8070      0.6533      1.390902    0.7054
v205          | 3308   +      0.6753      0.5127      1.810135    0.7563
v206r         | 3331   +      0.7023      0.5334      1.723794    0.7492
v207r         | 3319   +      0.7514      0.5834      1.570659    0.7318
v208          | 3319   +      0.7256      0.5133      1.588439    0.7600
--------------+---------------------------------------------------------------
-
Test scale    |                                      1.616833    0.7819
------------------------------------------------------------------------------
-
```

. *mit allen Items die Skala ist besser, sollte nicht weniger als 0,7 sein
. gen AttIslam = (v204r+ v205 + v206r + v207r +v208)/5
(264 missing values generated)
. tab AttIslam

```
   AttIslam |      Freq.     Percent       Cum.
-----------+-----------------------------------
         1 |        194        6.03        6.03
       1.2 |         52        1.62        7.65
       1.4 |         69        2.15        9.79
       1.6 |         97        3.02       12.81
       1.8 |         83        2.58       15.39
         2 |         85        2.64       18.03
       2.2 |        128        3.98       22.01
       2.4 |        102        3.17       25.19
       2.6 |        131        4.07       29.26
       2.8 |        134        4.17       33.43
         3 |        125        3.89       37.31
```

```
    3.2  |       131        4.07        41.39
    3.4  |       153        4.76        46.14
    3.6  |       171        5.32        51.46
    3.8  |       159        4.94        56.41
      4  |       187        5.81        62.22
    4.2  |       163        5.07        67.29
    4.4  |       140        4.35        71.64
    4.6  |       161        5.01        76.65
    4.8  |       133        4.14        80.78
      5  |       112        3.48        84.27
    5.2  |       122        3.79        88.06
    5.4  |        86        2.67        90.73
    5.6  |        68        2.11        92.85
    5.8  |        83        2.58        95.43
      6  |        32        1.00        96.42
    6.2  |        29        0.90        97.33
    6.4  |        47        1.46        98.79
    6.6  |        16        0.50        99.28
    6.8  |         6        0.19        99.47
      7  |        17        0.53       100.00
-----------+------------------------------------
  Total  |     3,216      100.00
```

. *wichtig dabei ist, dass der Wertebereich ist dasselbe wie der ursprünglicher
. *und der Index ist pseudometrisch; Items sind ordinal
.
. tab v217

```
GESCHLECHT, |
BEFRAGTE<R>  |     Freq.      Percent        Cum.
-----------+------------------------------------
  1. MANN  |    1,725        49.57        49.57
  2. FRAU  |    1,755        50.43       100.00
-----------+------------------------------------
  Total  |    3,480       100.00
```

. tab v230

```
         ALLGEMEINER  |
         SCHULABSCHLUSS  |     Freq.      Percent        Cum.
--------------------+------------------------------------
   1. OHNE ABSCHLUSS  |       59        1.70         1.70
2. VOLKS-,HAUPTSCHULE  |    1,076       30.92        32.61
   3. MITTLERE REIFE  |    1,232       35.40        68.02
4. FACHHOCHSCHULREIFE  |      227        6.52        74.54
   5. HOCHSCHULREIFE  |      841       24.17        98.71
   6. ANDERER ABSCHLUSS  |       16        0.46        99.17
   7. NOCH SCHUELER  |       27        0.78        99.94
   99. KEINE ANGABE  |        2        0.06       100.00
--------------------+------------------------------------
          Total  |    3,480       100.00
```

. mvdecode v230, mv (1 6 7 99=.)
      v230: 104 missing values generated

. tab v236

```
         BEFR.:  |
BERUFSFACHSCHULABS  |
         CHLUSS  |     Freq.      Percent        Cum.
------------------+------------------------------------
  0. NICHT GENANNT  |    3,238       93.05        93.05
     1. GENANNT  |      210        6.03        99.08
6. TRIFFT NICHT ZU  |       27        0.78        99.86
  9. KEINE ANGABE  |        5        0.14       100.00
------------------+------------------------------------
        Total  |    3,480       100.00
```

```
. tabl v237 v239 v241 v242

-> tabulation of v237

              BEFR.: |
   FACHSCHULABSCHLUSS |      Freq.      Percent         Cum.
---------------------+---------------------------------------
      0. NICHT GENANNT |      3,228       92.76        92.76
           1. GENANNT |        220        6.32        99.08
      6. TRIFFT NICHT ZU |       27        0.78        99.86
         9. KEINE ANGABE |        5        0.14       100.00
---------------------+---------------------------------------
               Total |      3,480      100.00

-> tabulation of v239

              BEFR.: |
   FACHHOCHSCHULABSCH |
                 LUSS |      Freq.      Percent         Cum.
---------------------+---------------------------------------
      0. NICHT GENANNT |      3,215       92.39        92.39
           1. GENANNT |        233        6.70        99.08
      6. TRIFFT NICHT ZU |       27        0.78        99.86
         9. KEINE ANGABE |        5        0.14       100.00
---------------------+---------------------------------------
               Total |      3,480      100.00

-> tabulation of v241

       BEFR.:ANDERER |
   BERUFSAUSBILDUNGSA |
               BSCHLUSS |    Freq.      Percent         Cum.
---------------------+---------------------------------------
      0. NICHT GENANNT |      3,353       96.35        96.35
           1. GENANNT |         95        2.73        99.08
      6. TRIFFT NICHT ZU |       27        0.78        99.86
         9. KEINE ANGABE |        5        0.14       100.00
---------------------+---------------------------------------
               Total |      3,480      100.00

-> tabulation of v242

         BEFR.: KEIN |
              BERUFL. |
   AUSBILDUNGSABSCHLU |
                   SS |      Freq.      Percent         Cum.
---------------------+---------------------------------------
      0. NICHT GENANNT |      2,976       85.52        85.52
           1. GENANNT |        472       13.56        99.08
      6. TRIFFT NICHT ZU |       27        0.78        99.86
         9. KEINE ANGABE |        5        0.14       100.00
---------------------+---------------------------------------
               Total |      3,480      100.00

. mvdecode v236 v237 v238 v239 v240 v241 v242, mv (6 9=.)
        v236: 32 missing values generated
        v237: 32 missing values generated
        v238: 32 missing values generated
        v239: 32 missing values generated
        v240: 32 missing values generated
        v241: 32 missing values generated
        v242: 32 missing values generated


. *kendall tau - Koeffizient für ordinale Daten
. ktau AttIslam v230

  Number of obs =     3133
```

26

```
Kendall's tau-a =      0.1968
Kendall's tau-b =      0.2402
Kendall's score = 965383
    SE of score =  55509.185   (corrected for ties)

Test of Ho: AttIslam and v230 are independent
       Prob > |z| =    0.0000  (continuity corrected)

. *KorrKoeffizient liegt bei 0,24

. tab v346

BFR.:NETTOEINKOMMEN |
<OFFENE+LISTENANGAB |
                 E> |    Freq.     Percent       Cum.
--------------------+-----------------------------------
  0. KEIN EINKOMMEN |      242        6.95        6.95
                 30 |        1        0.03        6.98
                 40 |        1        0.03        7.01
                 50 |        3        0.09        7.10
                 73 |        1        0.03        7.13
                 75 |        1        0.03        7.16
                100 |        7        0.20        7.36
                102 |        1        0.03        7.39
                110 |        1        0.03        7.41
                112 |        1        0.03        7.44
                120 |        3        0.09        7.53
                125 |        1        0.03        7.56
                130 |        1        0.03        7.59
                137 |        1        0.03        7.61
                140 |        1        0.03        7.64
                145 |        1        0.03        7.67
                147 |        1        0.03        7.70
                150 |       10        0.29        7.99
                151 |        1        0.03        8.02
                156 |        1        0.03        8.05
                159 |        1        0.03        8.07
                165 |        1        0.03        8.10
                170 |        1        0.03        8.13
                175 |        1        0.03        8.16
                179 |        1        0.03        8.19
                180 |        1        0.03        8.22
                181 |        1        0.03        8.25
                183 |        1        0.03        8.28
                184 |        1        0.03        8.30
                190 |        2        0.06        8.36
                200 |       14        0.40        8.76
                209 |        1        0.03        8.79
                220 |        1        0.03        8.82
                225 |        2        0.06        8.88
                230 |        2        0.06        8.94
                235 |        1        0.03        8.97
                240 |        4        0.11        9.08
                248 |        2        0.06        9.14
                250 |       15        0.43        9.57
                260 |        2        0.06        9.63
                261 |        1        0.03        9.66
                262 |        1        0.03        9.68
                270 |        4        0.11        9.80
                275 |        1        0.03        9.83
                277 |        1        0.03        9.86
                280 |        1        0.03        9.89
                286 |        1        0.03        9.91
                287 |        1        0.03        9.94
                299 |        1        0.03        9.97
                300 |       23        0.66       10.63
                308 |        1        0.03       10.66
                318 |        1        0.03       10.69
```

320	4	0.11	10.80
325	1	0.03	10.83
327	1	0.03	10.86
330	2	0.06	10.92
340	2	0.06	10.98
345	2	0.06	11.03
350	27	0.78	11.81
352	1	0.03	11.84
354	2	0.06	11.90
358	1	0.03	11.93
359	1	0.03	11.95
360	6	0.17	12.13
361	1	0.03	12.16
364	3	0.09	12.24
365	4	0.11	12.36
367	2	0.06	12.41
368	2	0.06	12.47
369	2	0.06	12.53
370	4	0.11	12.64
371	1	0.03	12.67
374	5	0.14	12.82
375	2	0.06	12.87
379	1	0.03	12.90
380	4	0.11	13.02
381	1	0.03	13.05
385	1	0.03	13.07
389	1	0.03	13.10
390	3	0.09	13.19
391	1	0.03	13.22
392	1	0.03	13.25
395	1	0.03	13.28
397	1	0.03	13.30
400	74	2.13	15.43
406	1	0.03	15.46
410	1	0.03	15.49
414	1	0.03	15.52
420	6	0.17	15.69
421	1	0.03	15.72
425	2	0.06	15.78
430	4	0.11	15.89
440	2	0.06	15.95
450	23	0.66	16.61
460	3	0.09	16.70
470	1	0.03	16.72
480	1	0.03	16.75
482	1	0.03	16.78
483	1	0.03	16.81
485	2	0.06	16.87
490	1	0.03	16.90
498	1	0.03	16.93
500	48	1.38	18.30
501	1	0.03	18.33
503	1	0.03	18.36
504	1	0.03	18.39
510	2	0.06	18.45
512	2	0.06	18.51
520	4	0.11	18.62
530	2	0.06	18.68
535	1	0.03	18.71
540	6	0.17	18.88
548	2	0.06	18.94
550	12	0.34	19.28
553	1	0.03	19.31
555	2	0.06	19.37
556	1	0.03	19.40
560	3	0.09	19.48
563	11	0.32	19.80
564	1	0.03	19.83

565	1	0.03	19.86
570	1	0.03	19.89
573	1	0.03	19.91
575	1	0.03	19.94
577	1	0.03	19.97
580	3	0.09	20.06
590	5	0.14	20.20
600	60	1.72	21.93
602	1	0.03	21.95
604	2	0.06	22.01
605	1	0.03	22.04
610	1	0.03	22.07
617	1	0.03	22.10
618	2	0.06	22.16
620	4	0.11	22.27
621	1	0.03	22.30
624	1	0.03	22.33
625	4	0.11	22.44
629	1	0.03	22.47
630	5	0.14	22.61
633	2	0.06	22.67
635	1	0.03	22.70
638	1	0.03	22.73
639	1	0.03	22.76
640	4	0.11	22.87
641	1	0.03	22.90
644	2	0.06	22.96
650	23	0.66	23.62
656	1	0.03	23.65
662	1	0.03	23.68
663	1	0.03	23.71
665	1	0.03	23.74
670	5	0.14	23.88
673	1	0.03	23.91
680	4	0.11	24.02
684	2	0.06	24.08
685	2	0.06	24.14
688	18	0.52	24.66
689	1	0.03	24.68
690	2	0.06	24.74
697	1	0.03	24.77
699	1	0.03	24.80
700	57	1.64	26.44
704	1	0.03	26.47
710	2	0.06	26.52
712	1	0.03	26.55
720	3	0.09	26.64
725	1	0.03	26.67
727	1	0.03	26.70
730	4	0.11	26.81
732	1	0.03	26.84
740	4	0.11	26.95
745	1	0.03	26.98
747	1	0.03	27.01
749	1	0.03	27.04
750	20	0.57	27.61
760	1	0.03	27.64
762	1	0.03	27.67
765	1	0.03	27.70
770	3	0.09	27.79
776	1	0.03	27.82
780	5	0.14	27.96
789	1	0.03	27.99
790	1	0.03	28.02
800	84	2.41	30.43
805	1	0.03	30.46
807	1	0.03	30.49
811	1	0.03	30.52

813	21	0.60	31.12
815	1	0.03	31.15
820	4	0.11	31.26
823	1	0.03	31.29
826	1	0.03	31.32
830	3	0.09	31.41
836	1	0.03	31.44
838	1	0.03	31.47
850	17	0.49	31.95
854	1	0.03	31.98
860	3	0.09	32.07
865	1	0.03	32.10
870	6	0.17	32.27
875	3	0.09	32.36
880	4	0.11	32.47
885	1	0.03	32.50
890	2	0.06	32.56
900	57	1.64	34.20
905	1	0.03	34.22
910	1	0.03	34.25
915	1	0.03	34.28
920	4	0.11	34.40
930	3	0.09	34.48
933	1	0.03	34.51
938	32	0.92	35.43
940	2	0.06	35.49
950	14	0.40	35.89
957	1	0.03	35.92
960	2	0.06	35.98
965	2	0.06	36.03
966	1	0.03	36.06
970	1	0.03	36.09
978	1	0.03	36.12
980	7	0.20	36.32
990	2	0.06	36.38
1000	132	3.79	40.17
1003	1	0.03	40.20
1004	1	0.03	40.23
1010	1	0.03	40.26
1017	1	0.03	40.29
1025	1	0.03	40.32
1030	1	0.03	40.34
1050	12	0.34	40.69
1060	2	0.06	40.75
1063	30	0.86	41.61
1064	1	0.03	41.64
1080	2	0.06	41.70
1084	1	0.03	41.72
1085	1	0.03	41.75
1100	74	2.13	43.88
1120	1	0.03	43.91
1125	3	0.09	43.99
1130	2	0.06	44.05
1134	1	0.03	44.08
1140	1	0.03	44.11
1150	11	0.32	44.43
1160	1	0.03	44.45
1166	1	0.03	44.48
1175	1	0.03	44.51
1180	4	0.11	44.63
1188	31	0.89	45.52
1200	113	3.25	48.76
1207	1	0.03	48.79
1224	1	0.03	48.82
1240	3	0.09	48.91
1250	26	0.75	49.66
1256	1	0.03	49.68
1260	3	0.09	49.77

1270	4	0.11	49.89
1285	1	0.03	49.91
1290	1	0.03	49.94
1300	78	2.24	52.18
1313	18	0.52	52.70
1320	1	0.03	52.73
1340	1	0.03	52.76
1350	10	0.29	53.05
1370	3	0.09	53.13
1375	2	0.06	53.19
1380	1	0.03	53.22
1390	1	0.03	53.25
1396	1	0.03	53.28
1400	68	1.95	55.23
1415	1	0.03	55.26
1420	1	0.03	55.29
1432	1	0.03	55.32
1438	31	0.89	56.21
1450	14	0.40	56.61
1460	1	0.03	56.64
1461	1	0.03	56.67
1480	1	0.03	56.70
1500	131	3.76	60.46
1550	7	0.20	60.66
1560	2	0.06	60.72
1566	1	0.03	60.75
1570	2	0.06	60.80
1587	1	0.03	60.83
1600	65	1.87	62.70
1610	1	0.03	62.73
1625	43	1.24	63.97
1635	1	0.03	63.99
1640	1	0.03	64.02
1646	1	0.03	64.05
1650	5	0.14	64.20
1660	1	0.03	64.22
1670	1	0.03	64.25
1675	1	0.03	64.28
1678	1	0.03	64.31
1700	55	1.58	65.89
1740	1	0.03	65.92
1750	13	0.37	66.29
1760	1	0.03	66.32
1800	73	2.10	68.42
1850	9	0.26	68.68
1856	1	0.03	68.71
1875	30	0.86	69.57
1900	36	1.03	70.60
1950	7	0.20	70.80
1960	1	0.03	70.83
1997	1	0.03	70.86
2000	134	3.85	74.71
2040	1	0.03	74.74
2050	1	0.03	74.77
2066	1	0.03	74.80
2080	1	0.03	74.83
2100	26	0.75	75.57
2111	1	0.03	75.60
2125	31	0.89	76.49
2175	1	0.03	76.52
2200	41	1.18	77.70
2250	8	0.23	77.93
2300	26	0.75	78.68
2350	2	0.06	78.74
2375	19	0.55	79.28
2400	24	0.69	79.97
2450	3	0.09	80.06
2460	1	0.03	80.09

```
2500 |        72      2.07     82.16
2558 |         1      0.03     82.18
2600 |        12      0.34     82.53
2625 |        15      0.43     82.96
2700 |        13      0.37     83.33
2750 |         5      0.14     83.48
2800 |        20      0.57     84.05
2875 |        17      0.49     84.54
2900 |         7      0.20     84.74
2950 |         2      0.06     84.80
2955 |         1      0.03     84.83
3000 |        53      1.52     86.35
3100 |         4      0.11     86.47
3200 |         4      0.11     86.58
3240 |         1      0.03     86.61
3300 |         6      0.17     86.78
3400 |         6      0.17     86.95
3500 |        54      1.55     88.51
3600 |         9      0.26     88.76
3700 |         3      0.09     88.85
3800 |         4      0.11     88.97
3850 |         1      0.03     88.99
3860 |         1      0.03     89.02
3900 |         3      0.09     89.11
4000 |        27      0.78     89.89
4100 |         3      0.09     89.97
4150 |         1      0.03     90.00
4500 |        21      0.60     90.60
4600 |         1      0.03     90.63
4750 |         1      0.03     90.66
5000 |        13      0.37     91.03
5500 |         3      0.09     91.12
6000 |         2      0.06     91.18
6250 |         7      0.20     91.38
6684 |         1      0.03     91.41
7500 |         7      0.20     91.61
8000 |         1      0.03     91.64
8750 |         5      0.14     91.78
9000 |         1      0.03     91.81
9300 |         1      0.03     91.84
10000 |         2      0.06     91.90
20000 |         1      0.03     91.93
33000 |         1      0.03     91.95
60000 |         1      0.03     91.98
99997. VERWEIGERT |       274      7.87     99.86
99999. KEINE ANGABE |         5      0.14    100.00
--------------------+---------------------------------
          Total |     3,480    100.00
```

. mvdecode v346, mv (0 99997 99999=.)
        v346: 521 missing values generated

. tab v346

```
BFR.:NETTOEINKOMMEN |
<OFFENE+LISTENANGAB |
              E> |    Freq.    Percent      Cum.
--------------------+---------------------------------
             30 |        1      0.03      0.03
             40 |        1      0.03      0.07
             50 |        3      0.10      0.17
             73 |        1      0.03      0.20
             75 |        1      0.03      0.24
            100 |        7      0.24      0.47
            102 |        1      0.03      0.51
            110 |        1      0.03      0.54
            112 |        1      0.03      0.57
            120 |        3      0.10      0.68
```

32

125	1	0.03	0.71
130	1	0.03	0.74
137	1	0.03	0.78
140	1	0.03	0.81
145	1	0.03	0.84
147	1	0.03	0.88
150	10	0.34	1.22
151	1	0.03	1.25
156	1	0.03	1.28
159	1	0.03	1.32
165	1	0.03	1.35
170	1	0.03	1.39
175	1	0.03	1.42
179	1	0.03	1.45
180	1	0.03	1.49
181	1	0.03	1.52
183	1	0.03	1.55
184	1	0.03	1.59
190	2	0.07	1.66
200	14	0.47	2.13
209	1	0.03	2.16
220	1	0.03	2.20
225	2	0.07	2.26
230	2	0.07	2.33
235	1	0.03	2.37
240	4	0.14	2.50
248	2	0.07	2.57
250	15	0.51	3.08
260	2	0.07	3.14
261	1	0.03	3.18
262	1	0.03	3.21
270	4	0.14	3.35
275	1	0.03	3.38
277	1	0.03	3.41
280	1	0.03	3.45
286	1	0.03	3.48
287	1	0.03	3.51
299	1	0.03	3.55
300	23	0.78	4.33
308	1	0.03	4.36
318	1	0.03	4.39
320	4	0.14	4.53
325	1	0.03	4.56
327	1	0.03	4.60
330	2	0.07	4.66
340	2	0.07	4.73
345	2	0.07	4.80
350	27	0.91	5.71
352	1	0.03	5.75
354	2	0.07	5.81
358	1	0.03	5.85
359	1	0.03	5.88
360	6	0.20	6.08
361	1	0.03	6.12
364	3	0.10	6.22
365	4	0.14	6.35
367	2	0.07	6.42
368	2	0.07	6.49
369	2	0.07	6.56
370	4	0.14	6.69
371	1	0.03	6.73
374	5	0.17	6.89
375	2	0.07	6.96
379	1	0.03	7.00
380	4	0.14	7.13
381	1	0.03	7.16
385	1	0.03	7.20
389	1	0.03	7.23

390	3	0.10	7.33
391	1	0.03	7.37
392	1	0.03	7.40
395	1	0.03	7.43
397	1	0.03	7.47
400	74	2.50	9.97
406	1	0.03	10.00
410	1	0.03	10.04
414	1	0.03	10.07
420	6	0.20	10.27
421	1	0.03	10.31
425	2	0.07	10.38
430	4	0.14	10.51
440	2	0.07	10.58
450	23	0.78	11.36
460	3	0.10	11.46
470	1	0.03	11.49
480	1	0.03	11.52
482	1	0.03	11.56
483	1	0.03	11.59
485	2	0.07	11.66
490	1	0.03	11.69
498	1	0.03	11.73
500	48	1.62	13.35
501	1	0.03	13.38
503	1	0.03	13.42
504	1	0.03	13.45
510	2	0.07	13.52
512	2	0.07	13.59
520	4	0.14	13.72
530	2	0.07	13.79
535	1	0.03	13.82
540	6	0.20	14.03
548	2	0.07	14.09
550	12	0.41	14.50
553	1	0.03	14.53
555	2	0.07	14.60
556	1	0.03	14.63
560	3	0.10	14.73
563	11	0.37	15.11
564	1	0.03	15.14
565	1	0.03	15.17
570	1	0.03	15.21
573	1	0.03	15.24
575	1	0.03	15.28
577	1	0.03	15.31
580	3	0.10	15.41
590	5	0.17	15.58
600	60	2.03	17.61
602	1	0.03	17.64
604	2	0.07	17.71
605	1	0.03	17.74
610	1	0.03	17.78
617	1	0.03	17.81
618	2	0.07	17.88
620	4	0.14	18.01
621	1	0.03	18.05
624	1	0.03	18.08
625	4	0.14	18.22
629	1	0.03	18.25
630	5	0.17	18.42
633	2	0.07	18.49
635	1	0.03	18.52
638	1	0.03	18.55
639	1	0.03	18.59
640	4	0.14	18.72
641	1	0.03	18.76
644	2	0.07	18.82

650	23	0.78	19.60
656	1	0.03	19.64
662	1	0.03	19.67
663	1	0.03	19.70
665	1	0.03	19.74
670	5	0.17	19.91
673	1	0.03	19.94
680	4	0.14	20.07
684	2	0.07	20.14
685	2	0.07	20.21
688	18	0.61	20.82
689	1	0.03	20.85
690	2	0.07	20.92
697	1	0.03	20.95
699	1	0.03	20.99
700	57	1.93	22.91
704	1	0.03	22.95
710	2	0.07	23.01
712	1	0.03	23.05
720	3	0.10	23.15
725	1	0.03	23.18
727	1	0.03	23.22
730	4	0.14	23.35
732	1	0.03	23.39
740	4	0.14	23.52
745	1	0.03	23.56
747	1	0.03	23.59
749	1	0.03	23.62
750	20	0.68	24.30
760	1	0.03	24.33
762	1	0.03	24.37
765	1	0.03	24.40
770	3	0.10	24.50
776	1	0.03	24.54
780	5	0.17	24.70
789	1	0.03	24.74
790	1	0.03	24.77
800	84	2.84	27.61
805	1	0.03	27.64
807	1	0.03	27.68
811	1	0.03	27.71
813	21	0.71	28.42
815	1	0.03	28.46
820	4	0.14	28.59
823	1	0.03	28.62
826	1	0.03	28.66
830	3	0.10	28.76
836	1	0.03	28.79
838	1	0.03	28.83
850	17	0.57	29.40
854	1	0.03	29.44
860	3	0.10	29.54
865	1	0.03	29.57
870	6	0.20	29.77
875	3	0.10	29.87
880	4	0.14	30.01
885	1	0.03	30.04
890	2	0.07	30.11
900	57	1.93	32.04
905	1	0.03	32.07
910	1	0.03	32.11
915	1	0.03	32.14
920	4	0.14	32.27
930	3	0.10	32.38
933	1	0.03	32.41
938	32	1.08	33.49
940	2	0.07	33.56
950	14	0.47	34.03

957	1	0.03	34.07
960	2	0.07	34.13
965	2	0.07	34.20
966	1	0.03	34.23
970	1	0.03	34.27
978	1	0.03	34.30
980	7	0.24	34.54
990	2	0.07	34.61
1000	132	4.46	39.07
1003	1	0.03	39.10
1004	1	0.03	39.13
1010	1	0.03	39.17
1017	1	0.03	39.20
1025	1	0.03	39.24
1030	1	0.03	39.27
1050	12	0.41	39.68
1060	2	0.07	39.74
1063	30	1.01	40.76
1064	1	0.03	40.79
1080	2	0.07	40.86
1084	1	0.03	40.89
1085	1	0.03	40.93
1100	74	2.50	43.43
1120	1	0.03	43.46
1125	3	0.10	43.56
1130	2	0.07	43.63
1134	1	0.03	43.66
1140	1	0.03	43.70
1150	11	0.37	44.07
1160	1	0.03	44.10
1166	1	0.03	44.14
1175	1	0.03	44.17
1180	4	0.14	44.31
1188	31	1.05	45.35
1200	113	3.82	49.17
1207	1	0.03	49.21
1224	1	0.03	49.24
1240	3	0.10	49.34
1250	26	0.88	50.22
1256	1	0.03	50.25
1260	3	0.10	50.35
1270	4	0.14	50.49
1285	1	0.03	50.52
1290	1	0.03	50.56
1300	78	2.64	53.19
1313	18	0.61	53.80
1320	1	0.03	53.84
1340	1	0.03	53.87
1350	10	0.34	54.21
1370	3	0.10	54.31
1375	2	0.07	54.38
1380	1	0.03	54.41
1390	1	0.03	54.44
1396	1	0.03	54.48
1400	68	2.30	56.78
1415	1	0.03	56.81
1420	1	0.03	56.84
1432	1	0.03	56.88
1438	31	1.05	57.92
1450	14	0.47	58.40
1460	1	0.03	58.43
1461	1	0.03	58.47
1480	1	0.03	58.50
1500	131	4.43	62.93
1550	7	0.24	63.16
1560	2	0.07	63.23
1566	1	0.03	63.26
1570	2	0.07	63.33

1587	1	0.03	63.37
1600	65	2.20	65.56
1610	1	0.03	65.60
1625	43	1.45	67.05
1635	1	0.03	67.08
1640	1	0.03	67.12
1646	1	0.03	67.15
1650	5	0.17	67.32
1660	1	0.03	67.35
1670	1	0.03	67.39
1675	1	0.03	67.42
1678	1	0.03	67.46
1700	55	1.86	69.31
1740	1	0.03	69.35
1750	13	0.44	69.79
1760	1	0.03	69.82
1800	73	2.47	72.29
1850	9	0.30	72.59
1856	1	0.03	72.63
1875	30	1.01	73.64
1900	36	1.22	74.86
1950	7	0.24	75.09
1960	1	0.03	75.13
1997	1	0.03	75.16
2000	134	4.53	79.69
2040	1	0.03	79.72
2050	1	0.03	79.76
2066	1	0.03	79.79
2080	1	0.03	79.82
2100	26	0.88	80.70
2111	1	0.03	80.74
2125	31	1.05	81.78
2175	1	0.03	81.82
2200	41	1.39	83.20
2250	8	0.27	83.47
2300	26	0.88	84.35
2350	2	0.07	84.42
2375	19	0.64	85.06
2400	24	0.81	85.87
2450	3	0.10	85.97
2460	1	0.03	86.01
2500	72	2.43	88.44
2558	1	0.03	88.48
2600	12	0.41	88.88
2625	15	0.51	89.39
2700	13	0.44	89.83
2750	5	0.17	90.00
2800	20	0.68	90.67
2875	17	0.57	91.25
2900	7	0.24	91.48
2950	2	0.07	91.55
2955	1	0.03	91.58
3000	53	1.79	93.38
3100	4	0.14	93.51
3200	4	0.14	93.65
3240	1	0.03	93.68
3300	6	0.20	93.88
3400	6	0.20	94.09
3500	54	1.82	95.91
3600	9	0.30	96.21
3700	3	0.10	96.32
3800	4	0.14	96.45
3850	1	0.03	96.49
3860	1	0.03	96.52
3900	3	0.10	96.62
4000	27	0.91	97.53
4100	3	0.10	97.63
4150	1	0.03	97.67

```
       4500 |          21        0.71        98.38
       4600 |           1        0.03        98.41
       4750 |           1        0.03        98.45
       5000 |          13        0.44        98.88
       5500 |           3        0.10        98.99
       6000 |           2        0.07        99.05
       6250 |           7        0.24        99.29
       6684 |           1        0.03        99.32
       7500 |           7        0.24        99.56
       8000 |           1        0.03        99.59
       8750 |           5        0.17        99.76
       9000 |           1        0.03        99.80
       9300 |           1        0.03        99.83
      10000 |           2        0.07        99.90
      20000 |           1        0.03        99.93
      33000 |           1        0.03        99.97
      60000 |           1        0.03       100.00
------------------+------------------------------------
      Total |       2,959      100.00
```

* Einkommen über 10.000 (3 Personen) als Missings, weil die Extremwerte die Berechnungen verzerren

. mvdecode v346, mv(20000 33000 60000=.a)
      v346: 3 missing values generated

*** Rekodieren des Geschlechts nach 0/1 für Regression ***

. recode v217 1=0 2=1, gen (v217r)
(3480 differences between v217 and v217r)

.
. pwcorr AttIslam v346, sig

```
             | AttIslam     v346
-------------+------------------
    AttIslam |   1.0000
             |
             |
        v346 |   0.1655    1.0000
             |   0.0000
             |
```

. scatter AttIslam v346 || lfit AttIslam v346

. tab v217r

```
   RECODE of |
        v217 |
  (GESCHLECHT |
           , |
  BEFRAGTE<R> |
           ) |      Freq.     Percent        Cum.
-------------+-----------------------------------
           0 |      1,725       49.57       49.57
           1 |      1,755       50.43      100.00
-------------+-----------------------------------
       Total |      3,480      100.00
```

* Regression mit AttIslam als AV und Einkommen als UV

. regress AttIslam v346

```
      Source |       SS           df       MS      Number of obs   =      2,778
```

```
------------+------------------------------     F(1, 2776)    =     78.14
      Model |  159.211599      1  159.211599     Prob > F      =    0.0000
   Residual |  5656.48458  2,776  2.03763854     R-squared     =    0.0274
------------+------------------------------     Adj R-squared =    0.0270
      Total |  5815.69618  2,777  2.09423701     Root MSE      =    1.4275


  AttIslam |      Coef.   Std. Err.      t    P>|t|     [95% Conf. Interval]
-----------+----------------------------------------------------------------
      v346 |   .0002169   .0000245     8.84   0.000     .0001688     .000265
     _cons |   3.243136   .0458332    70.76   0.000     3.153265    3.333006
```

. regress AttIslam v217r

```
    Source |       SS          df       MS          Number of obs   =    3,216
-----------+------------------------------         F(1, 3214)      =     3.87
     Model |  8.03083585      1  8.03083585         Prob > F        =   0.0492
  Residual |  6667.73561  3,214  2.07459104         R-squared       =   0.0012
-----------+------------------------------         Adj R-squared   =   0.0009
     Total |  6675.76644  3,215  2.07644368         Root MSE        =   1.4403


  AttIslam |      Coef.   Std. Err.      t    P>|t|     [95% Conf. Interval]
-----------+----------------------------------------------------------------
     v217r |  -.0999431   .0507971    -1.97   0.049    -.199541    -.0003452
     _cons |   3.622857   .0358966   100.92   0.000    3.552475     3.69324
```

```
* Erstellung von Dummies für Schulabschluss: für jede Ausprägung
* wird eine 0/1-kodierte Variable erstellt: 1, wenn Ausprägung zutrifft,
* 0, wenn sie nicht zutrifft und "." wenn Schulabschluss "missing" ist
```

. tab v230, gen(educ_)

```
    ALLGEMEINER |
  SCHULABSCHLUSS |    Freq.     Percent       Cum.
-----------------+-----------------------------------
2. VOLKS-,HAUPTSCHULE |   1,076     31.87       31.87
3. MITTLERE REIFE |   1,232     36.49       68.36
4. FACHHOCHSCHULREIFE |     227      6.72       75.09
5. HOCHSCHULREIFE |     841     24.91      100.00
-----------------+-----------------------------------
           Total |   3,376    100.00
```

. describe educ_*

```
                 storage   display    value
variable name    type      format     label      variable label
-------------------------------------------------------------------------
--
educ_1           byte      %8.0g                 v230==2. VOLKS-,HAUPTSCHULE
educ_2           byte      %8.0g                 v230==3. MITTLERE REIFE
educ_3           byte      %8.0g                 v230==4. FACHHOCHSCHULREIFE
educ_4           byte      %8.0g                 v230==5. HOCHSCHULREIFE
```

. regress AttIslam educ_2 educ_3 educ_4

```
    Source |       SS          df       MS          Number of obs   =    3,133
-----------+------------------------------         F(3, 3129)      =   114.35
     Model |  645.128794      3  215.042931         Prob > F        =   0.0000
  Residual |  5884.26219  3,129  1.88055679         R-squared       =   0.0988
-----------+------------------------------         Adj R-squared   =   0.0979
     Total |  6529.39099  3,132  2.08473531         Root MSE        =   1.3713
```

```
------------------------------------------------------------------------------
   AttIslam |     Coef.   Std. Err.      t    P>|t|     [95% Conf. Interval]
------------+-----------------------------------------------------------------
     educ_2 |   .321784   .0594878     5.41   0.000     .205145    .4384229
     educ_3 |   .9599557  .1040278     9.23   0.000     .7559861   1.163925
     educ_4 |   1.140059  .0656577    17.36   0.000     1.011323   1.268795
      _cons |   3.109239  .0436943    71.16   0.000     3.023566   3.194911
------------------------------------------------------------------------------


*** Jetzt schrittweiser Modellaufbau ***

* Fallanzahlangleichung: In jedem Regressionsmodell müssen
* die gleichen Leute enthalten sein, um die Koeffizienten von Schritt zu
* Schritt vergleichen zu können.

* Zähle, wieviele fehlende Werte ein Befragter auf allen interessierenden
* Variablen hat. AV + UV + Drittvariablen.

. egen numbermis=rowmiss(AttIslam v217r educ_2 educ_3 educ_4 v346 v236 v237 v238
v239 v240 v241 v242)

. tab numbermis

  numbermis |      Freq.    Percent        Cum.
------------+-----------------------------------
          0 |      2,721      78.19       78.19
          1 |        576      16.55       94.74
          2 |         76       2.18       96.93
          3 |         51       1.47       98.39
          4 |         18       0.52       98.91
          5 |          6       0.17       99.08
          7 |          1       0.03       99.11
          8 |          2       0.06       99.17
         10 |          5       0.14       99.31
         11 |         20       0.57       99.89
         12 |          4       0.11      100.00
------------+-----------------------------------
      Total |      3,480     100.00

. keep if numbermis==0
(759 observations deleted)


* Modell 1: nur Geschlecht
regress AttIslam v217r

      Source |       SS           df       MS      Number of obs   =     2,721
-------------+----------------------------------   F(1, 2719)      =      3.81
       Model |  7.99461216         1  7.99461216   Prob > F        =    0.0509
    Residual |  5699.77925     2,719  2.09627777   R-squared       =    0.0014
-------------+----------------------------------   Adj R-squared   =    0.0010
       Total |  5707.77386     2,720  2.09844627   Root MSE        =    1.4479


------------------------------------------------------------------------------
   AttIslam |     Coef.   Std. Err.      t    P>|t|     [95% Conf. Interval]
------------+-----------------------------------------------------------------
      v217r |  -.1084617  .0555395    -1.95   0.051    -.2173656    .0004422
      _cons |     3.6335  .0386541    94.00   0.000     3.557705   3.709294
------------------------------------------------------------------------------

. estimates store model1
```

```
* Modell 2: Geschlecht + Einkommen
regress AttIslam v217r v346

      Source |       SS           df       MS      Number of obs   =     2,721
-------------+----------------------------------   F(2, 2718)      =     36.84
       Model |  150.637134         2   75.318567   Prob > F        =    0.0000
    Residual |  5557.13673     2,718  2.04456833   R-squared       =    0.0264
-------------+----------------------------------   Adj R-squared   =    0.0257
       Total |  5707.77386     2,720  2.09844627   Root MSE        =    1.4299

------------------------------------------------------------------------------
     AttIslam |      Coef.   Std. Err.      t    P>|t|     [95% Conf. Interval]
-------------+----------------------------------------------------------------
        v217r |   .0472465   .0579316     0.82   0.415    -.0663479    .1608408
         v346 |   .0002185   .0000262     8.35   0.000     .0001672    .0002698
        _cons |   3.226439   .0619058    52.12   0.000     3.105052    3.347826
------------------------------------------------------------------------------

. estimates store model2


* Modell 3: Geschlecht + Einkommen + Bildung
regress AttIslam v217r v346 educ_2 educ_3 educ_4 v236 v237 v238 v239 v240 v241

      Source |       SS           df       MS      Number of obs   =     2,721
-------------+----------------------------------   F(11, 2709)     =     28.91
       Model |   599.65051        11  54.5136828   Prob > F        =    0.0000
    Residual |  5108.12335     2,709  1.88561216   R-squared       =    0.1051
-------------+----------------------------------   Adj R-squared   =    0.1014
       Total |  5707.77386     2,720  2.09844627   Root MSE        =    1.3732

------------------------------------------------------------------------------
     AttIslam |      Coef.   Std. Err.      t    P>|t|     [95% Conf. Interval]
-------------+----------------------------------------------------------------
        v217r |  -.0856039   .0571406    -1.50   0.134    -.1976475    .0264397
         v346 |   .0000896   .0000275     3.26   0.001     .0000357    .0001434
       educ_2 |   .2919551   .0652336     4.48   0.000     .1640424    .4198678
       educ_3 |   .8940384   .1243051     7.19   0.000      .650296    1.137781
       educ_4 |   .9519797   .0940087    10.13   0.000     .7676438    1.136316
         v236 |   .1629739   .1093615     1.49   0.136    -.0514665    .3774143
         v237 |  -.0070865   .1056794    -0.07   0.947     -.214307    .2001339
         v238 |  -.1096191   .1066633    -1.03   0.304    -.3187688    .0995306
         v239 |    .094213   .1140235     0.83   0.409    -.1293688    .3177948
         v240 |   .1879815   .1074546     1.75   0.080    -.0227199    .3986828
         v241 |   .1924477   .1665816     1.16   0.248    -.1341921    .5190876
        _cons |   3.049921    .066731    45.70   0.000     2.919072     3.18077
------------------------------------------------------------------------------

. estimates store model3


. desc v236 - v242

              storage   display    value
variable name   type    format     label      variable label
-------------------------------------------------------------------------------
v236            byte    %18.0g     v236       BEFR.: BERUFSFACHSCHULABSCHLUSS
v237            byte    %18.0g     v237       BEFR.: FACHSCHULABSCHLUSS
v238            byte    %18.0g     v238       BEFR.: MEISTER, TECHNIKERABSCHLUSS
v239            byte    %18.0g     v239       BEFR.: FACHHOCHSCHULABSCHLUSS
v240            byte    %18.0g     v240       BEFR.: HOCHSCHULABSCHLUSS
v241            byte    %18.0g     v241       BEFR.:ANDERER
                                              BERUFSAUSBILDUNGSABSCHLUSS
v242            byte    %18.0g     v242       BEFR.: KEIN BERUFL.
                                              AUSBILDUNGSABSCHLUSS
```

```
* Übersichtliche Darstellung der Regressionsergebnisse, benötigt
* Paket estout - ggfs. installieren!

. esttab modell model2 model3 using U:\Stata\regression.rtf, replace b(%4,3f)
se(%4,3f)  r2(%4,3f)  ar2(%4,3f)  nonumbers mlabel("Modell 1" "Modell 2" "Modell
3") label
(note: file U:\Stata\regression.rtf not found)
(output written to U:\Stata\regression.rtf)
```